Conrad K. Butler

EL MUNDO DE LOS CAMIONES DE BOMBEROS

camión de bomberos argentino

SABES QUE ES...?

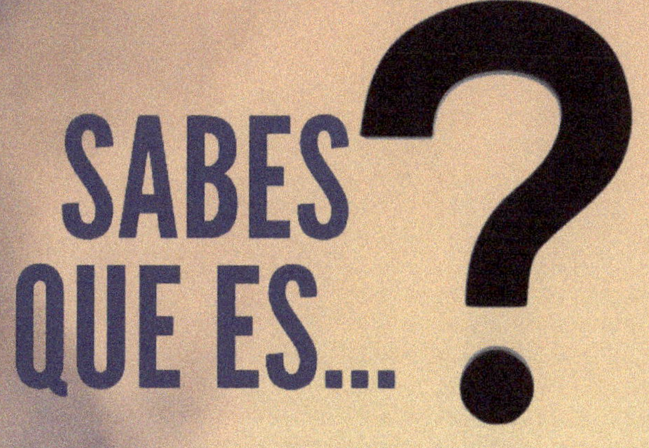

EL TRABAJO DIARIO DEL NUEVO TURNO DE BOMBEROS COMIENZA CON LOS PROCEDIMIENTOS OBLIGATORIOS: REALIZAR CONTROLES DEL EQUIPO DE PROTECCIÓN RESPIRATORIA, ROPA PROTECTORA Y DOCUMENTOS PERSONALES NECESARIOS PARA IDENTIFICAR A UNA PERSONA EN CASO DE QUE FALLEZCA.

camión de bomberos australiano

SABES QUE ES... ?

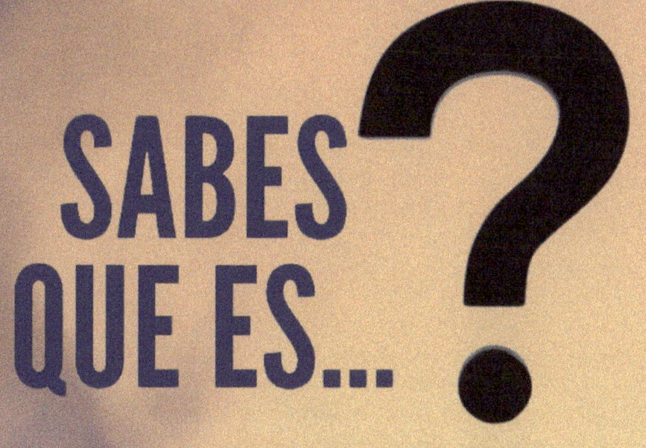

EN LA MAYORÍA DE LOS CASOS, LOS BOMBEROS TRABAJAN SEGÚN UN PATRÓN DE "DÍA DE SERVICIO, DOS DÍAS LIBRES", PERO ALGUNAS BRIGADAS TRABAJAN DE 3 A L DÍAS SEGUIDOS DURANTE 10 A 12 HORAS. SI HAY UNA SITUACIÓN EXCEPCIONAL, LOS BOMBEROS PUEDEN TRABAJAR DE FORMA CONTINUADA DURANTE MÁS DE UN DÍA.

camión de bomberos austriaco

SABES QUE ES... ?

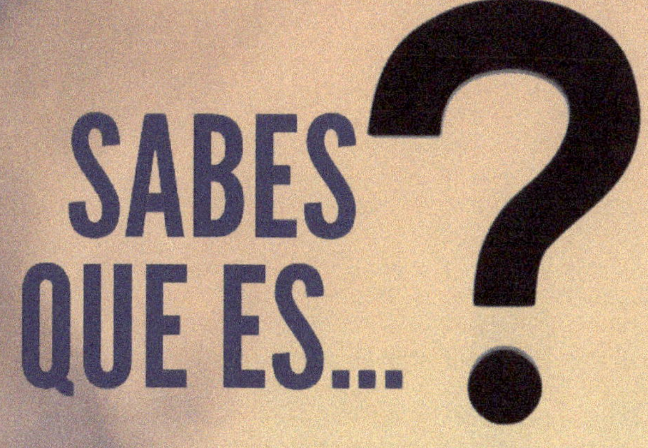

SE CREE QUE POR PRIMERA VEZ LA GENTE EMPEZÓ A FORMAR BRIGADAS PARA COMBATIR INCENDIOS EN INGLATERRA, Y FUE UNA INICIATIVA DE LAS COMPAÑÍAS DE SEGUROS QUE QUERÍAN LIMITAR LAS PÉRDIDAS EN CASO DE DESASTRES. NO SE SABE CON EXACTITUD, PERO PROBABLEMENTE LOS PRIMEROS BOMBEROS APARECIERON EN 1722.

camión de bomberos brasileño

SABES QUE ES...?

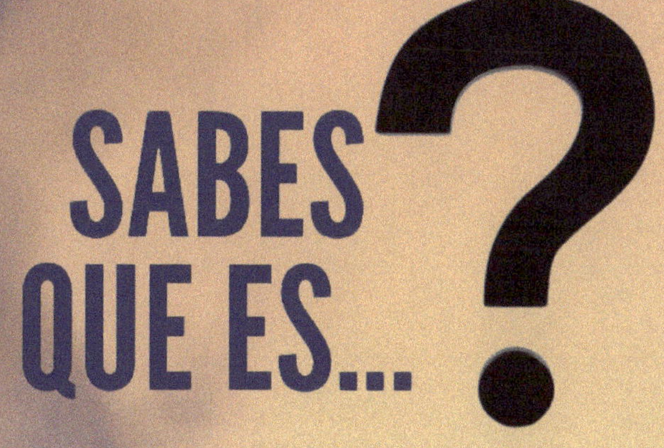

EXISTE EL ESTEREOTIPO DE QUE SOLO LOS HOMBRES PUEDEN REALIZAR TRABAJOS PELIGROSOS, PERO DE HECHO, LA PRIMERA MUJER BOMBERO FUE MOLLY WILLIAMS, QUE INGRESÓ AL SERVICIO A PRINCIPIOS DEL SIGLO XIX. DESPUÉS DE UN TIEMPO, SE CREARON BRIGADAS SEPARADAS EN LAS QUE SOLO TRABAJABAN MUJERES.

camión de bomberos canadiense

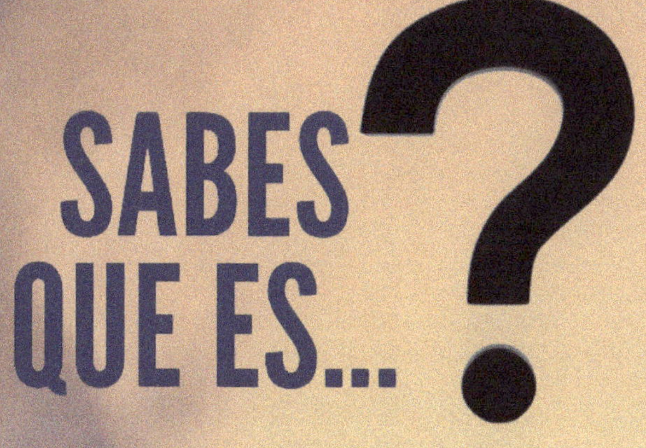

SABES QUE ES...?

LOS UNIFORMES DE LOS BOMBEROS ESTÁN HECHOS DE UN MATERIAL ESPECIAL QUE PUEDE SOPORTAR TEMPERATURAS DE HASTA 1200 °C (2192 °F). ADEMÁS, PROTEGE CONTRA LOS EFECTOS DE ÁCIDOS Y BASES CONCENTRADOS. GRACIAS A ESTAS PROPIEDADES DEL UNIFORME, LOS BOMBEROS PUEDEN SALVAR A LAS PERSONAS DE LAS CASAS EN LLAMAS.

camión de bomberos chino

SABES QUE ES...?

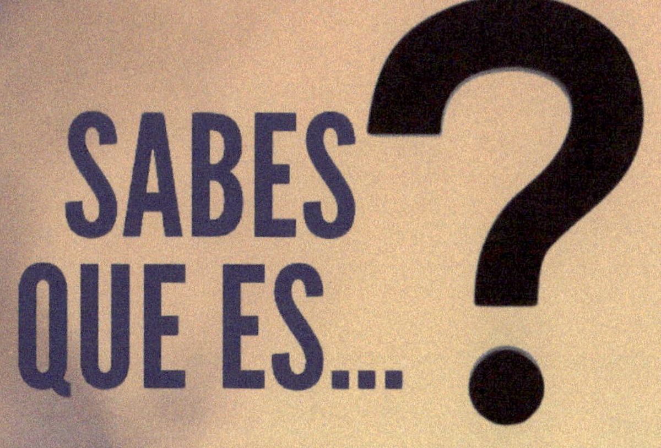

EN LA ESTACIÓN DE BOMBEROS, EL POSTE DESLIZANTE NO ESTÁ PARA LA BELLEZA. DE HECHO, ES NECESARIO SALIR. EL PISO LO MÁS RÁPIDO POSIBLE, PORQUE LOS AUTOMÓVILES Y EL EQUIPO GENERALMENTE SE ENCUENTRAN EN LA PLANTA BAJA DEL EDIFICIO, Y LA GENTE SE QUEDA EN EL PISO SUPERIOR. LOS POSTES SE UTILIZAN DESDE HACE UNOS 140 AÑOS.

camión de bomberos francés

SABES QUE ES...?

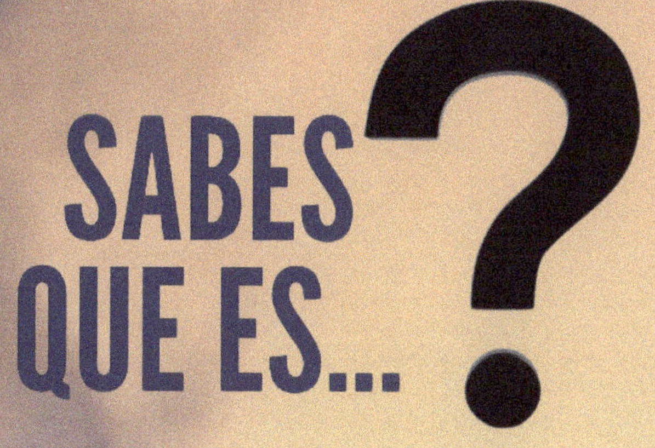

EL TRABAJO DE LOS BOMBEROS NO SÓLO ES PELIGROSO, SINO TAMBIÉN DURO EN EL SENTIDO LITERAL DE LA PALABRA, YA QUE LOS RESCATISTAS DEBEN TRANSPORTAR ENTRE 5 Y 30 KG. TODO DEPENDE DE QUÉ ESTÉ HECHO EL UNIFORME Y QUÉ EQUIPO UTILICEN. CONSIDERANDO ESTOS FACTORES, ENTENDEMOS QUE SÓLO PERSONAS FÍSICAMENTE PREPARADAS SON APTAS PARA TRABAJAR EN EL DEPARTAMENTO DE BOMBEROS.

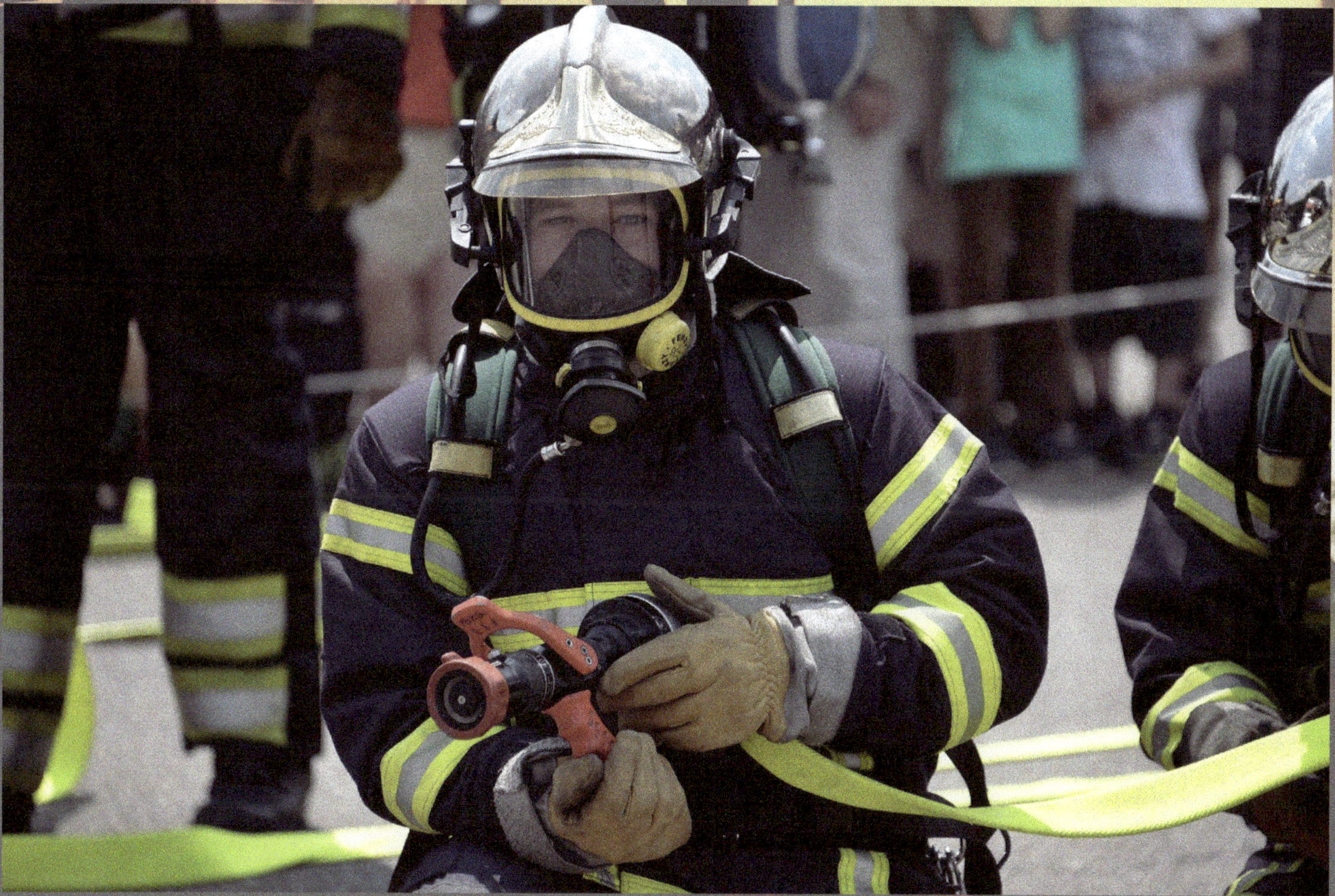

camión de bomberos alemán

SABES QUE ES...?

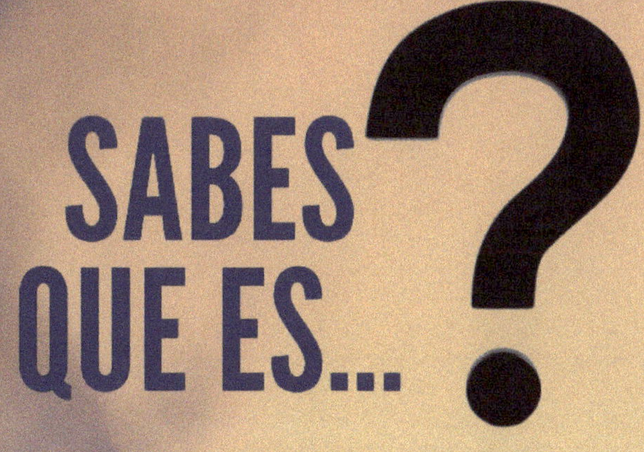

DESPUÉS DE RECIBIR LA SEÑAL DE INCENDIO, LA BRIGADA TIENE SÓLO UNOS MINUTOS PARA PONERSE EL UNIFORME, TOMAR EL EQUIPO Y SUBIR AL AUTOMÓVIL. PARA ELLO, GUARDAN SUS COSAS DE UNA FORMA ESPECIAL, POR EJEMPLO, SE ENROLLAN PREVIAMENTE LOS PANTALONES Y SE LOS METEN DENTRO DE LOS ZAPATOS.

camión de bomberos griego

SABES QUE ES... ?

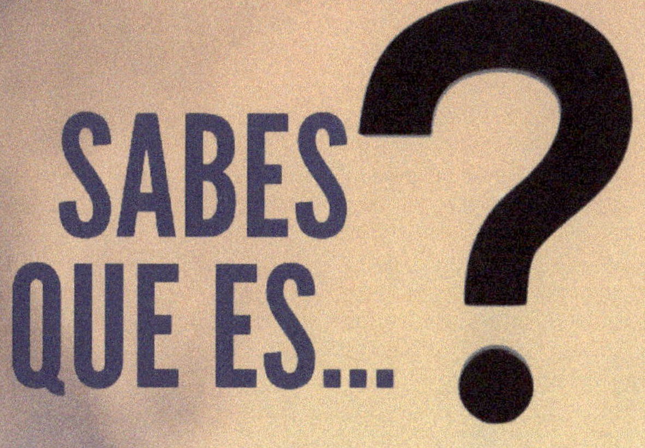

UN CAMIÓN DE BOMBEROS ESTÁNDAR TIENE UN TANQUE CON CAPACIDAD PARA APROXIMADAMENTE 2350 LITROS (620 GALONES) DE AGUA. SI SOLO SE CONECTA UNA MANGUERA, ESTA CANTIDAD DE AGUA SE UTILIZA EN 7,5 MINUTOS. CADA VAGÓN TIENE BOMBAS ESPECIALES DISEÑADAS PARA REPONER RÁPIDAMENTE EL SUMINISTRO DE AGUA. SE PUEDE CONECTAR A UN HIDRANTE O PARA BOMBEAR AGUA. DE UN TANQUE ABIERTO.

camión de bomberos indio

SABES QUE ES...?

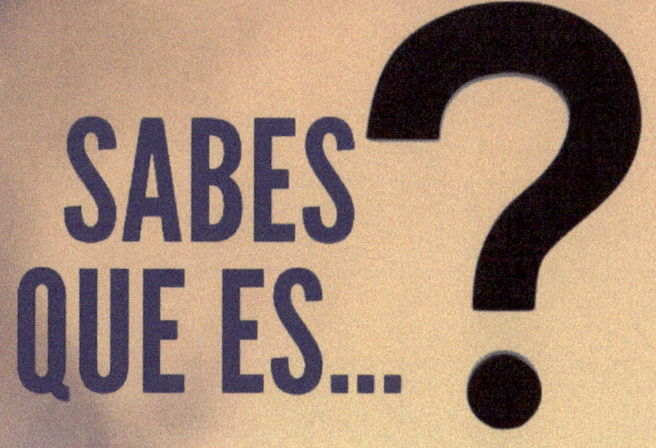

EN LA MAYORÍA DE LOS PAÍSES, SI UN HUMANO INICIA UN INCENDIO, ES POSIBLE QUE NO ENFRENTEN CARGOS Y QUE LOS PROPIOS BOMBEROS ESTÉN BAJO INVESTIGACIÓN. UNA VEZ EXTINGUIDO EL INCENDIO, UN EQUIPO DE PERITOS LLEGA AL LUGAR PARA DETERMINAR EL ORIGEN DEL INCENDIO Y REDACTAR UN ACTA DE LEGALIDAD DE EXTINCIÓN DEL INCENDIO. ELLOS EVALÚAN SI EL EQUIPO TRABAJÓ CORRECTAMENTE Y NO CAUSÓ DAÑOS EVITABLES.

camión de bomberos japonés

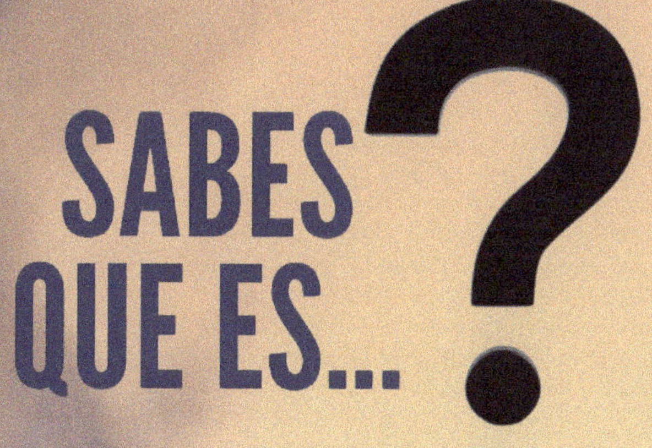

SABES QUE ES...?

UN DATO INTERESANTE PARA ALGUNAS PERSONAS PUEDE SER EL HECHO DE QUE LOS BOMBEROS SON RESPONSABLES NO SÓLO PARA EXTINGUIR INCENDIOS, SINO TAMBIÉN PARA UNA SERIE DE OTRAS TAREAS. ¿QUÉ? AYUDAN A SACAR A LOS HERIDOS DE LOS VEHÍCULOS Y A RETIRAR SUSTANCIAS PELIGROSAS DE LA CARRETERA. TOMAN MEDIDAS PARA PROTEGER A LOS RESIDENTES, LAS PROPIEDADES Y LA INFRAESTRUCTURA DURANTE DESASTRES NATURALES COMO INUNDACIONES, TORMENTAS O VIENTOS FUERTES.

camión de bomberos mexicano

SABES QUE ES... ?

EN LOS PRIMEROS AÑOS DE FUNCIONAMIENTO DE LOS BOMBEROS, SUS UNIDADES NO CONTABAN CON MUCHA FINANCIACIÓN Y LOS BOMBEROS ESTABAN FORMADOS PRINCIPALMENTE POR VOLUNTARIOS. CURIOSAMENTE, AHORRARON DINERO EN TODO, INCLUIDA LA PINTURA DE LOS CAMIONES DE BOMBEROS. Y COMO EL ROJO ERA EL MÁS BARATO, LOS COCHES SE DECORABAN CON ÉL. UN COLOR TAN BRILLANTE TAMBIÉN AYUDÓ A QUE LOS CAMIONES DE BOMBEROS SE DIFERENCIARAN DE OTROS VEHÍCULOS, PRINCIPALMENTE NEGROS.

camión de bomberos español

SABES QUE ES...?

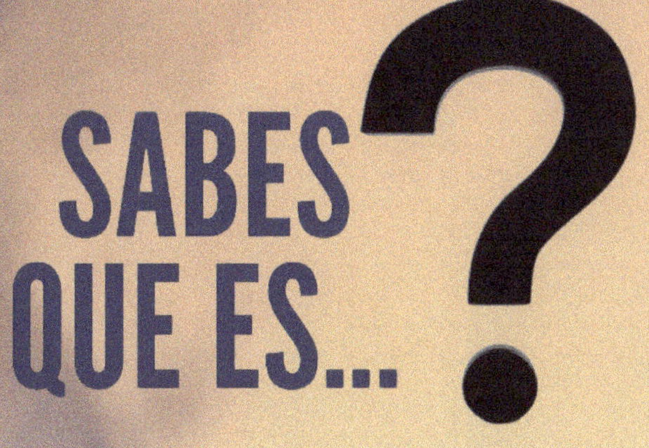

EN MUCHOS PAÍSES, LA GENTE SE UNE VOLUNTARIAMENTE A LOS CUERPOS DE BOMBEROS. EN LA MAYORÍA DE LOS CASOS, SE ORGANIZAN CUANDO EL GOBIERNO NO PUEDE FINANCIAR EL TRABAJO DE LA BRIGADA DE RESCATE. POR EJEMPLO, EN CHILE HAY VARIOS MILES DE BOMBEROS VOLUNTARIOS QUE PAGAN COTIZACIONES MENSUALES Y RECIBEN UNA FORMACIÓN ESPECIAL. EN ALGUNOS PAÍSES, SÓLO LAS PERSONAS CON EDUCACIÓN SUPERIOR PUEDEN SER BOMBEROS.

camión de bomberos británico

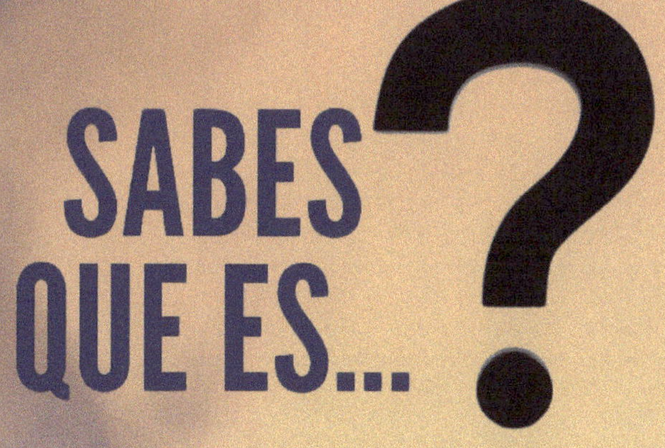

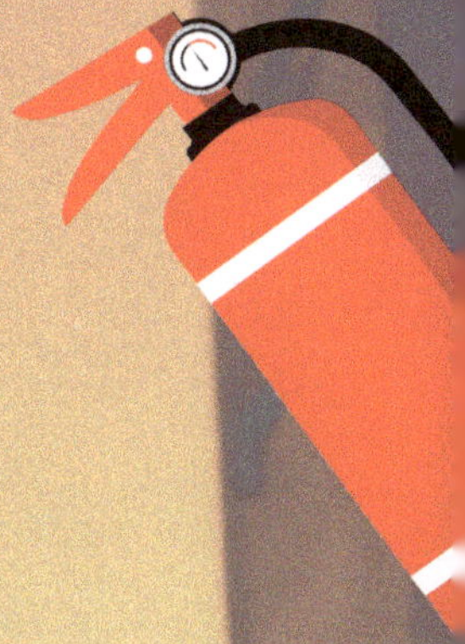

LAS PELÍCULAS SOBRE BOMBEROS MUESTRAN A LOS BOMBEROS MOVIÉNDOSE HÁBILMENTE POR UN EDIFICIO EN LLAMAS Y ENCONTRANDO VÍCTIMAS O UNA SALIDA, PERO EN REALIDAD ES AL REVÉS. EN UNA CASA EN LLAMAS LLENA DE HUMO NO SE PUEDE VER NADA, Y EN MEDIO DEL FUEGO CREPITANTE Y CREPITANTE NO SE OYE NADA, NI SIQUIERA LOS GRITOS DE LA GENTE. POR ESO LOS RESCATISTAS SE MUEVEN CON CUIDADO EN LAS HABITACIONES EN LLAMAS, PRÁCTICAMENTE "AL TACTO".

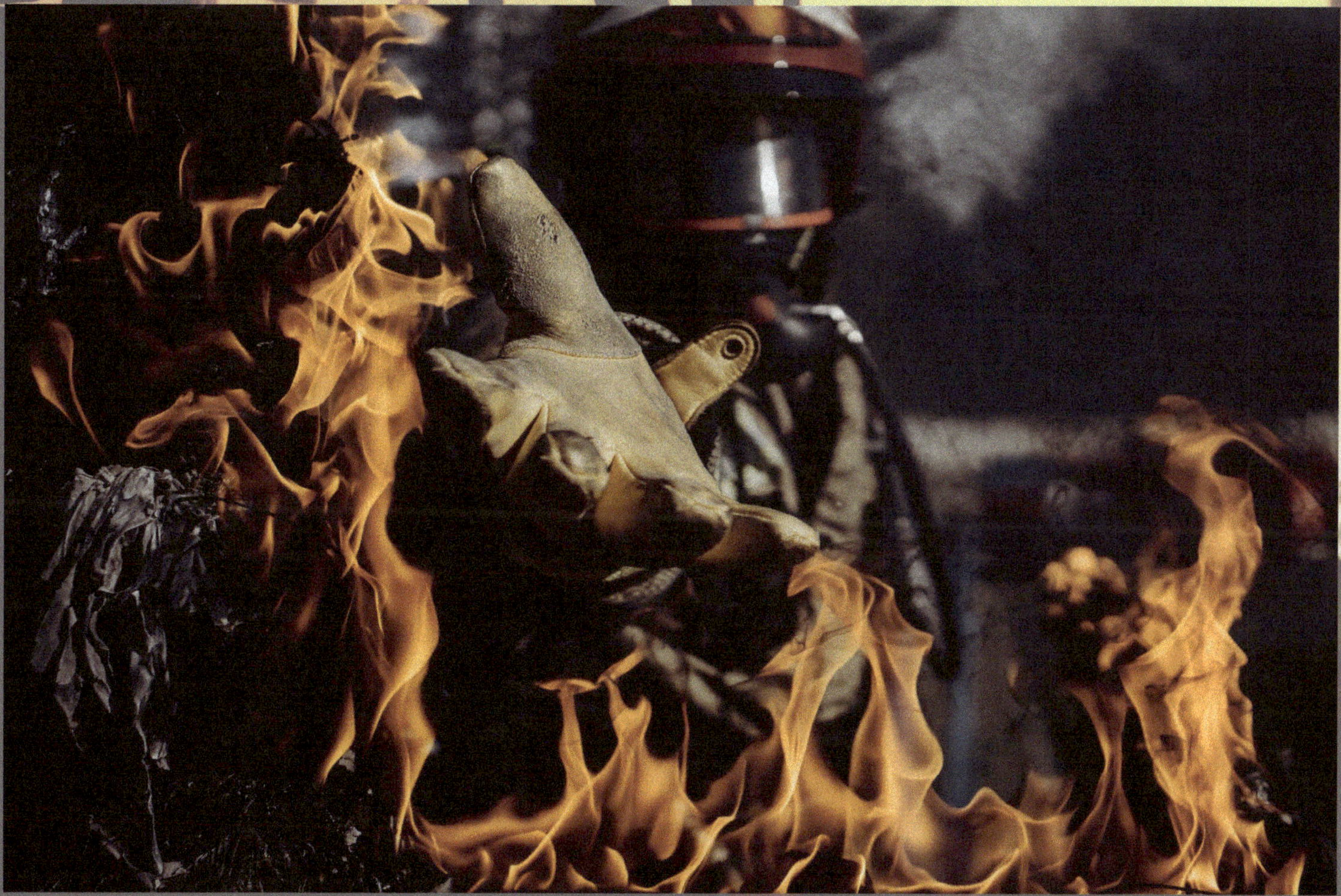

camión de bomberos americano

SABES QUE ES...?

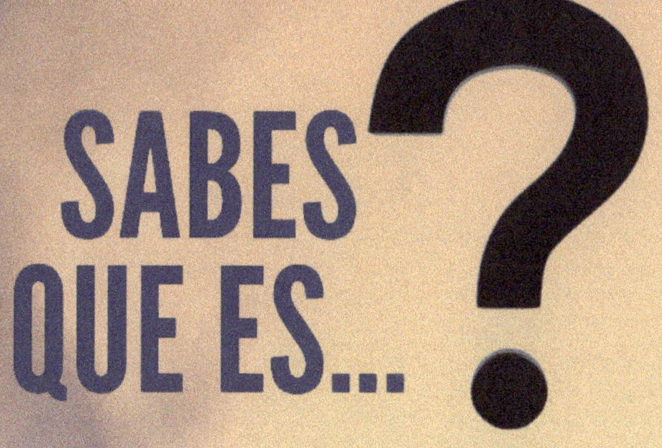

FINALMENTE, NO SÓLO UN DATO INTERESANTE SOBRE LOS BOMBEROS, PERO TAMBIÉN UNA ADVERTENCIA. EL USO INJUSTIFICADO DE LOS NÚMEROS DE EMERGENCIA NO ES ACONSEJABLE Y PUEDE TENER GRAVES CONSECUENCIAS LEGALES. EN LA MAYORÍA DE LOS PAÍSES, ESTO PUEDE RESULTAR EN UNA MULTA O INCLUSO EN PRISIÓN. ADEMÁS, LA PERSONA RESPONSABLE DE TAL DELITO PODRÁ SER CARGADA CON LOS COSTOS ASOCIADOS CON LA ORGANIZACIÓN LA OPERACIÓN DE RESCATE.

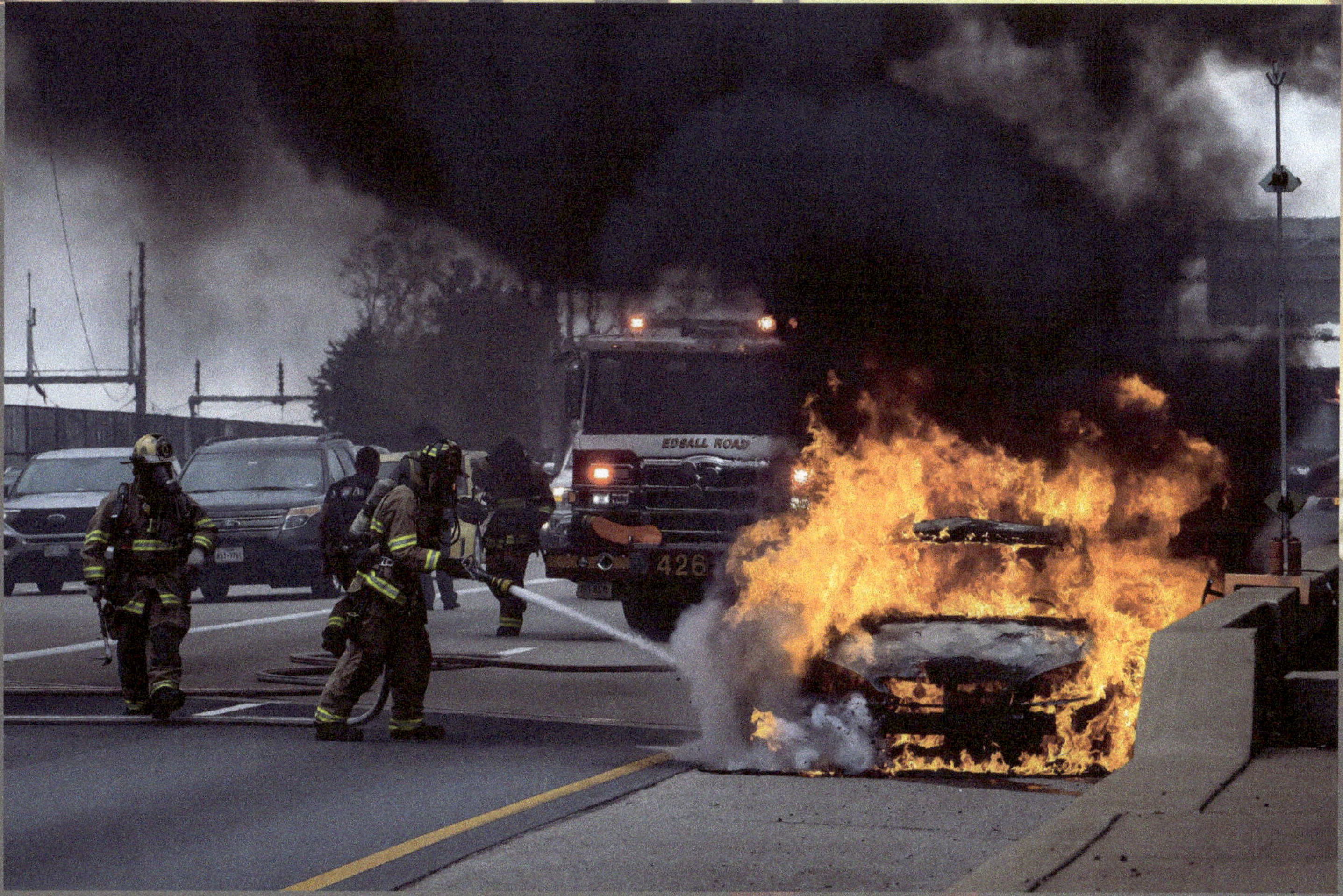

comprobar también:

y mucho más!